Le Reiki

© Shutterstock

« L'Énergie vitale universelle »

Issu de la médecine japonaise, méthode thérapeutique simple et surtout naturelle, le Reiki est un système de soins holistiques offrant de nombreuses possibilités et agissant sur la totalité de l'être permettant entre autres de libérer les tensions nerveuses et musculaires.

Les bienfaits amplement reconnus depuis très longtemps de cette méthode de guérison ont conduit à l'épanouissement de son enseignement qui s'est répandu aujourd'hui à travers le monde entier, de l'Orient à l'Occident, afin de répondre aux besoins grandissants.

AEDIS

L'ENSEIGNEMENT DU REIKI

L'enseignement du Reiki est ouvert à toute personne qui en exprime le désir à un moment de sa vie, que cela soit pour son usage personnel ou pour faire profession de thérapeute exclusivement réservé au Reiki ou pour associer le Reiki à d'autres thérapies dites alternatives ou de médecine douce. Faire les premiers pas vers l'apprentissage de la méthode ouvre un champ d'expérience de guérison, allant de l'autoguérison à la guérison des autres en passant par celle de ses animaux de compagnie, de sa maison, de ses plantes, etc. ***Tout être vivant quel qu'il soit peut recevoir l'énergie universelle reiki.***

N'hésitez pas à soulager vos animaux de compagnie avec du Reiki lorsqu'ils souffrent, vous comprendrez à leurs réactions qu'ils ressentent l'énergie et qu'elle leur fait du bien. Les chats sont particulièrement réceptifs au Reiki de par leur 6e sens très développé. Les chiens aussi, mais ils mettent un peu plus de temps à être réceptifs (au bout de 10 à 15 minutes, alors que la réaction est immédiate pour les chats).

Les degrés dans l'enseignement du Reiki

L'apprentissage du Reiki se fait et doit se faire progressivement, étape par étape. L'important est avant tout de bien s'imprégner de la méthode et chacun est libre d'avancer à son rythme. Le Reiki transforme celui qui en fait l'apprentissage, à la fois par une ouverture de conscience, un état d'esprit beaucoup plus serein, une distance face aux petits soucis quotidiens, et en le rendant plus résistant à supporter les épreuves de la vie. Ce profil rejaillira inévitablement sur sa santé physique et psychique. Au fur et à mesure de l'apprentissage de chaque niveau, vous découvrirez la philosophie du Reiki de la base jusqu'à son processus d'évolution spirituelle (en japonais, le Satori signifie l'éveil). À chaque niveau, la personne reçoit des harmonisations (appelées aussi initiations) et à partir du deuxième niveau, lui sont enseignés des symboles.

Qu'est-ce que l'harmonisation ?

Développée par le Dr **Mikao Usui**, l'harmonisation permet de transmettre la capacité à être canal. Dans le Reiki développé en Occident, on ne parle pas d'harmonisation mais d'initiation.

- ***Niveau 1***

Ce niveau est celui de la découverte, du premier contact, des premiers ressentis avec la méthode et de l'apprentissage de l'autotraitement. Au cours de cette étape, la personne reçoit quatre initiations ouvrant et préparant les chakras à recevoir l'énergie reiki. Pour certaines personnes, ce niveau suffit pour pratiquer le Reiki pour soi-même ou pour sa famille et ses amis.

- ***Niveau 2***

Ce niveau est très important, pour ne pas dire le plus important dans le système reiki et beaucoup de personnes arrêtent leur apprentissage du Reiki au niveau 2. En effet, les deux premiers niveaux, très chargés en enseignement, contiennent l'essence même du Reiki, toute la base de ce que l'on doit connaître pour se soigner et apporter des soins reiki à une autre personne ainsi que les principaux symboles nécessaires, trois voire quatre selon les écoles de Reiki.

- ***Niveau 3***

À ce niveau, l'initiation élargit le « canal » thérapeutique et renforce la capacité de méditation et l'éveil – le Satori en japonais. Le dernier symbole reiki est alors communiqué, celui de la maîtrise.

- ***Niveau 4***

Ce niveau forme les Maîtres-enseignants Reiki, il est destiné aux personnes désireuses d'enseigner cette méthode de guérison et de pratiquer les initiations du niveau 1 au niveau 4.

- ***Les symboles et les mantras reiki***

Ceux-ci agissent sur le mental comme un point focal aidant au développement spirituel. Transmis par le Maître Reiki au cours des différentes initiations et entourés de secret, ils ne peuvent être divulgués ouvertement. Les symboles et les mantras qui les accompagnent seront ensuite utilisés lors des soins thérapeutiques, associés aux impositions des mains.

Mise en condition

Lors d'une séance, que cela soit un autotraitement ou un soin donné à quelqu'un, il est préférable de s'isoler dans un endroit calme (pour l'autotraitement) ou de pratiquer dans un lieu qui invite à la relaxation. Évitez tout bruit extérieur, mettez éventuellement une musique douce et apaisante et une lumière tamisée de préférence. La personne qui reçoit le soin doit ôter lunettes, bijoux et chaussures. Durant le soin, ne croiser ni les jambes ni les bras. Se placer dans une position confortable, lâcher prise et se détendre au maximum.

Position des mains

Lavez-vous les mains avant et après la séance. Ôtez montre et bijoux. Avant le soin, frottez vos mains l'une contre l'autre afin d'en activer l'énergie et de les réchauffer. On peut tenir les mains au-dessus de l'endroit à traiter mais le mieux est encore de les poser si, bien sûr, l'endroit à soigner le permet.

Attention !

Les mains ne doivent pas exercer de pression, posez-les doucement. Maintenez une position des mains entre 3 et 5 minutes ou plus si vous en ressentez le besoin.

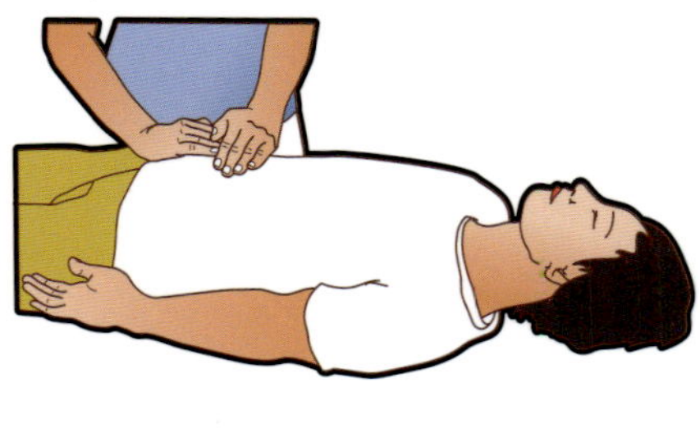

QUE SIGNIFIE LE MOT REIKI ?

Le mot Reiki est représenté par deux idéogrammes japonais, **Rei** signifiant *Énergie universelle* ou *Essence infinie* et **Ki** signifiant *Énergie de la force vitale*. Ainsi le sens du mot Reiki signifie ***« Énergie vitale universelle »***.

霊気

Bon à savoir !

On retrouve le KI, sous différentes appellations suivant les philosophies et courants de pensée. Ainsi, pour les Chinois ce sera le CHI, pour les Hindous, le PRANA, pour les chrétiens, LA LUMIÈRE ou encore, pour les scientifiques, la BIOÉNERGIE.

Influences spirituelles

Dans le Japon ancien, le bouddhisme, le shintoïsme et le shugendô* furent les trois voies principales qui influèrent sur la vie de la population.

**Méthode combinant le shintoïsme, le bouddhisme et le chamanisme.*

Mikao Usui

Né en 1865 dans la province de Gifu, à l'époque de grands changements pour le Japon, le Dr **Mikao Usui** est le fondateur du Reiki. Les origines profondes de cette création puisent une partie de ses sources dans la quête pressante de la société japonaise du moment à trouver un système de développement spirituel non religieux accessible à tous.
Psychothérapeute reconnu, il développa cette méthode de guérison connue depuis les temps les plus reculés pour soigner et soulager les maux à la fois du corps et de l'esprit, issue de textes anciens sur l'imposition des mains et faisant appel à l'Énergie vitale universelle.
Il a mis au point des initiations ou harmonisations basées sur l'ouverture et l'équilibre des chakras permettant d'être un canal pour la libre circulation de l'Énergie vitale universelle.
En 1922, il fonda le système du Usui Reiki Ryôhô Gakkai et avec cette méthode put soigner de nombreuses victimes du tremblement de terre qui eut lieu à Tokyo en 1923. Il poursuivit la mise au point de la méthode jusqu'à sa mort en 1926. Il forma plus de 2 000 Maîtres Reiki qui continuèrent à faire partager cette fabuleuse technique de soins. L'un de ces maîtres initia une femme, Mme Takata, Hawaïenne d'origine japonaise, qui propagea cette discipline à travers les États-Unis puis dans le monde entier par l'intermédiaire de sa nièce et de sa petite-fille, Phillis Furumoto, qu'elle initia. Phillis Furumoto fut à l'origine de l'Alliance Reiki.
Il se créa ensuite dans le monde entier de nombreuses autres écoles de Reiki avec certaines variantes quant à la pratique, au nombre de symboles et aux initiations, mais toutes descendent du Dr Mikao Usui, se regroupent autour du travail constant à être canal afin d'utiliser l'Énergie vitale universelle pour soulager et soigner les maux tant du corps que de l'esprit.

L'important étant, dans l'approche du Reiki, d'utiliser son intuition à trouver celle qui nous convient le mieux et avec laquelle on se sent en harmonie. Il en va de même dans le choix du Maître Reiki que l'on choisit dans le cadre de l'enseignement de la méthode ou pour recevoir un soin.

- ***Le Teate Ryoho***

C'est l'une des plus anciennes techniques traditionnelles d'imposition des mains connues au Japon depuis toujours dans le but de guérir et soulager. C'est de cette technique qu'est issu le Reiki.

- ***Lignée des principaux Maîtres Reiki, successeurs de Mikao Usui, qui ont développé la méthode :***

- **Dr Chijiro Hayashi** – Grand Maître Reiki, de la 2e génération, successeur direct de Mikao Usui.
- **Hawayo Takata** – Grand Maître Reiki, de la 3e génération, successeur de Hayashi.
- **Iris Ishikuro** – Maître Reiki, nièce de Hawayo Takata, de la 4e génération, initiée Maître Reiki par Hawayo Takata.
- **Dr Arthur L. Robertson** – Maître Reiki, de la 5e génération, président-fondateur de l'A.R.M.A. (American Reiki Master Association), initié Maître Reiki par Iris Ishikuro.
- **Jean-Marc Pelletier** – Maître Reiki de la 6e génération, Maître-enseignant initié de l'A.R.M.A. Président-fondateur de l'A.C.Q.M.R. (Association canadienne et québéquoise des Maîtres Reiki).
- **Elisabeth Dufour** – Maître Reiki de la 7e génération, Maître-enseignant initié de l'A.C.Q.M.R.

QU'EST-CE QUE LE REIKI ?

Le Reiki est une ancienne technique d'imposition des mains liée à aucune religion, aucun dogme ni système de croyance. Douce et puissante, cette technique élève en même temps le sujet traité et celui qui donne le soin.
Tout à la fois pratique d'évolution spirituelle, thérapie sacrée et dérivé de médecine douce traditionnelle, le soin énergétique qu'apporte le Reiki, en canalisant et harmonisant les énergies, permet d'atteindre un haut niveau de sérénité et de paix intérieure.

Basée sur la méthode du développement personnel, cette médecine alternative se pratique en étant très concentré et attentif.

- ***L'importance de la respiration...***

La respiration est de toute première importance dans l'approche du Reiki. Respirer améliore la répartition des substances nutritives dans le corps, fortifie les organes et élimine les toxines.

COMMENT FONCTIONNE LE REIKI ?

Comme pour la plupart des thérapies dites alternatives, le Reiki aide au développement personnel. Il agit à différents niveaux : physique, mental, émotionnel et peut améliorer la vie d'une personne, pas forcément malade.

Canaliser l'énergie vitale afin de la retransmettre pour soulager et guérir les maux du corps comme ceux de l'esprit. Les initiations reiki reçues lors des formations équilibrent et ouvrent les chakras afin de permettre à la personne concernée de devenir plus facilement un canal pour recevoir l'Énergie vitale universelle.

Important !

Lorsque nous pratiquons le Reiki, nous n'utilisons pas notre propre énergie mais l'Énergie vitale universelle pour laquelle nous devenons simplement un canal afin de la transmettre. Par conséquent, nous ne ressentons aucune fatigue.

Bon à savoir !

Lors d'un soin, le Reiki possède la particularité d'agir là où la personne traitée en a le plus besoin.

Les 4 portées du Reiki

Cette méthode de santé naturelle agit sur la totalité de l'être et porte sur les quatre niveaux, la vibration du Reiki stimule l'énergie vitale et déclenche le pouvoir naturel d'autoguérison.

- **Le physique**
  L'une des propriétés fondamentales du Reiki est de restaurer l'équilibre naturel de tout organisme vivant, et en l'occurrence ici du corps physique, et de stimuler sa capacité d'autoguérison.
- **L'émotionnel**
  Par son action relaxante, il calme le système nerveux et équilibre les émotions. Le Reiki nous apprend à identifier nos émotions négatives et nos blocages afin de pouvoir les éliminer plus facilement.
- **Le psychisme**
  Le Reiki permet d'apaiser l'effervescence de l'activité mentale et de clarifier les pensées.
- **Le spirituel**
  L'énergie reiki développe notre conscience, favorisant une connexion à notre être profond, notre essence divine ou « moi intérieur ».

• ***Les idéaux du Reiki***

« *L'art d'inviter le bonheur* » Mikao Usui

Juste pour aujourd'hui
Je me libère de toute préoccupation

Juste pour aujourd'hui
Je me libère de toute colère

Juste pour aujourd'hui
Je rends grâce pour mes nombreuses bénédictions

Juste pour aujourd'hui
J'honore mes parents, mes professeurs et mes aïeux

Juste pour aujourd'hui
Je vis ma vie honnêtement

Juste pour aujourd'hui
Je respecte la vie autour de moi sous toute forme !

QUE SOIGNE LE REIKI ?

La particularité du Reiki est qu'il s'applique à soulager chaque aspect de notre vie. Au-delà d'un formidable effet de relaxation, on constate une élimination des toxines (un urgent besoin d'uriner se fait sentir peu de temps après un soin reiki), un bien-être dû à une harmonisation du corps dans son ensemble, un soulagement des douleurs éventuelles, une réduction des effets secondaires dus à la prise de médicaments et également un état de plénitude nous faisant envisager les soucis du quotidien sous un angle bien plus positif qu'auparavant. D'une manière plus ciblée, il peut également soulager les douleurs, dissoudre les blocages énergétiques, renforcer le système immunitaire ou encore stimuler la vitalité. *Ne pas oublier que le Reiki peut être aussi un merveilleux « outil » pour améliorer sa relation aux autres et à l'autre en cas de conflit.*

En résumé, le Reiki

- renforce le système immunitaire,
- dissout les blocages énergétiques,
- accélère le processus d'autoguérison,
- accroît le bien-être, l'énergie et la conscience,
- relaxe et élimine le stress.

Important !

Lors d'un traitement de Reiki, n'hésitez pas à boire beaucoup d'eau afin de stimuler l'élimination et le drainage des toxines enclenchés par le soin.

• ***Comprendre et découvrir***

De plus en plus de saturations perturbent notre métabolisme : acidité, nervosité, mal-être important. Après maintes recherches de thérapies, il s'avère que les soins par le Reiki ont une forte positivité. Un désagrément ressenti dans votre émotionnel, sans pouvoir y remédier rapidement et l'apaiser, provoquera une douleur dans votre corps physique pouvant s'intensifier jusqu'à la prise de conscience de la chose. En revanche, une séance de soins reiki rééquilibrera et harmonisera les chakras. Cela permettra de déceler le facteur déclenchant, cause de la souffrance !

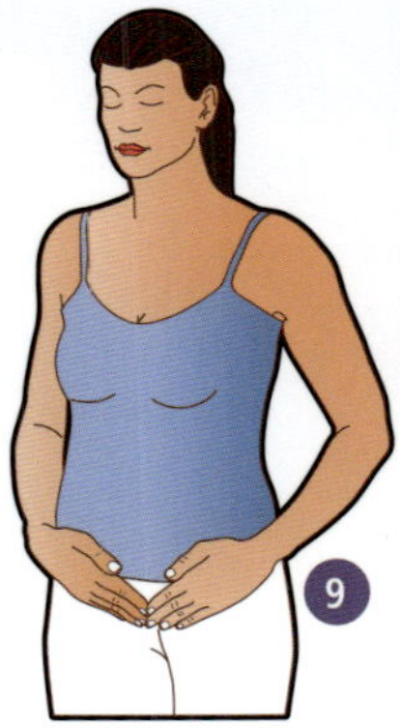

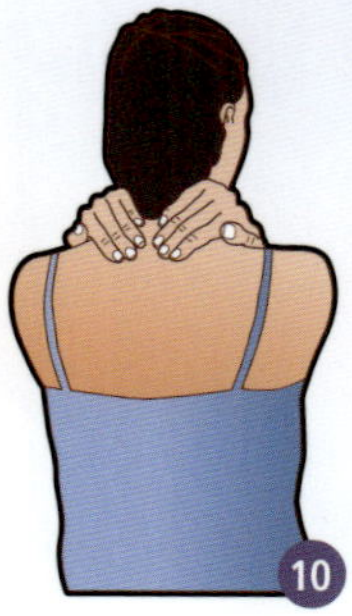

9. Placez vos mains en forme de V au niveau du pubis, le bout des doigts se touchant pour les femmes ; pour les hommes, les mains seront placées sur les deux aines, les doigts tenus à distance les uns des autres. Soulage, apaise les douleurs et soigne les organes génitaux, la vessie, le gros intestin et les douleurs menstruelles.

10. Placez vos mains de chaque côté en haut de la colonne vertébrale au niveau des épaules. Soulage les douleurs cervicales, dorsales et scapulaires. Détend et redonne de la confiance en soi.

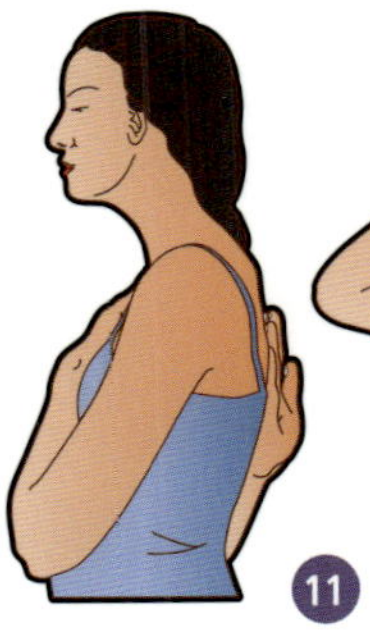

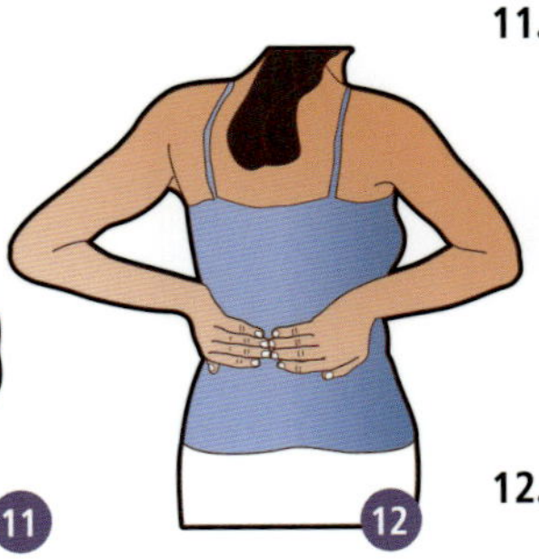

11. Placez vos mains, l'une devant en haut de la poitrine et l'autre derrière, dans le dos au même niveau. Équilibre la glande thymus, régule le cœur, stimule l'immunité, « vide » la tête des soucis et stimule la joie de vivre. En cas de difficulté à placer la main derrière, placez vos mains l'une sur l'autre ensemble sur la poitrine.

12. Placez vos mains autour de la taille au niveau des reins, doigts se joignant à la colonne vertébrale. Chasse les toxines, fortifie les reins et les glandes surrénales ainsi que le système nerveux. Soulage les douleurs dorsales et lombaires.

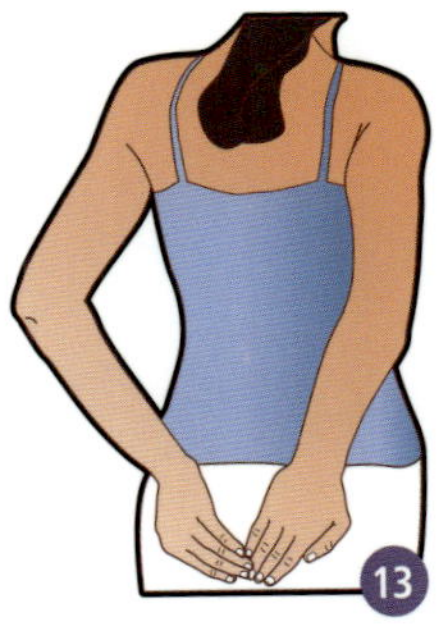

13. Placez vos mains en forme de V au niveau des fesses. Vos doigts touchant le coccyx. Facilite l'ancrage, la créativité ; soigne et apaise les douleurs d'une sciatique, régule la digestion et traite les organes sexuels.

14. Prenez votre genou entre vos deux mains de chaque côté. Un genou à la fois en vous concentrant bien. Traite tout problème de genou et les inflammations articulaires. Procure de la confiance en soi.

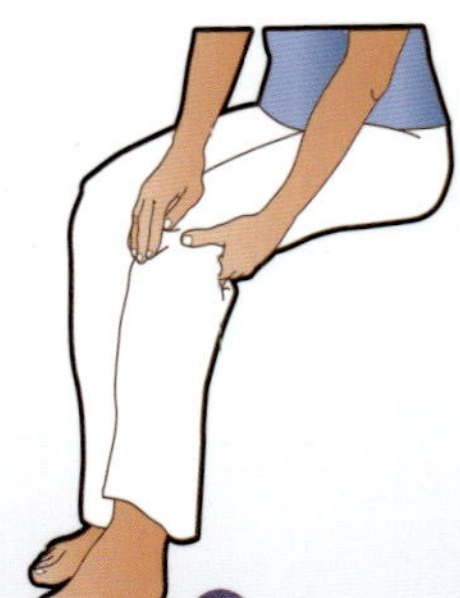

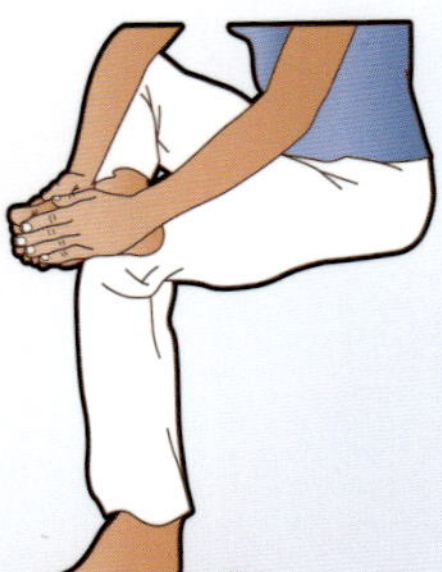

15. Prenez votre pied entre vos deux mains, de chaque côté. Cette position renforce le premier chakra ou chakra racine, permet un meilleur ancrage et traite le corps dans son ensemble par l'intermédiaire des zones réflexes du pied.

TRAITEMENT À UNE AUTRE PERSONNE

Puissante méthode de transformation et de méditation, la personne qui donne un soin reiki en reçoit elle aussi les bienfaits. Le patient, appelé également receveur, est allongé durant toute la séance, il reste vêtu durant toutes les appositions du Maître Reiki. Le praticien va laisser ses mains posées sur différents endroits du corps durant quelques minutes. L'énergie reiki passe au travers des vêtements et autres parois comme le papier, le verre, les murs, etc.

- ***Soin de la tête :***

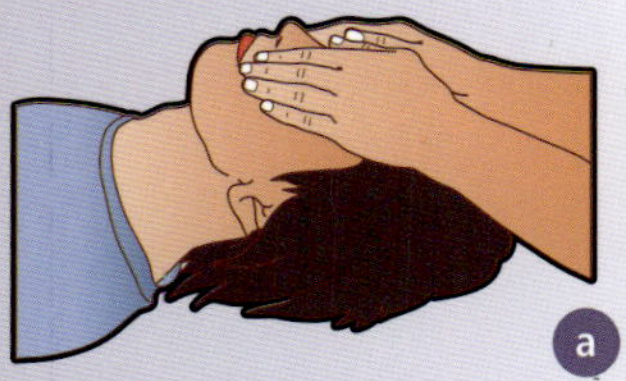

a. Placez vos mains jointes, (pouces se touchant au milieu du front), au-dessus des yeux et maintenez la position 3 minutes.

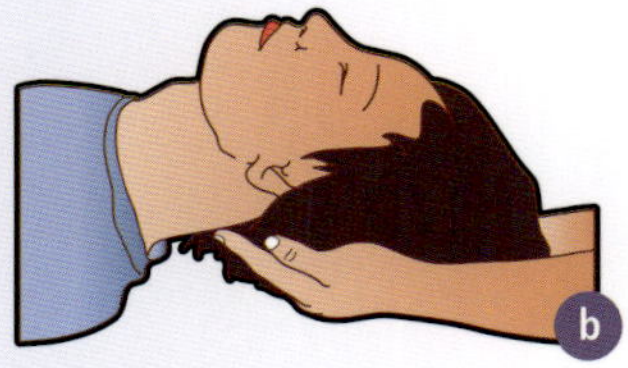

b. Faites roulez lentement la tête vers la gauche et placez doucement votre main gauche sous sa tête. En soutenant la tête avec votre main gauche, amenez votre main droite sous son occiput. Maintenez la position durant 3 minutes.

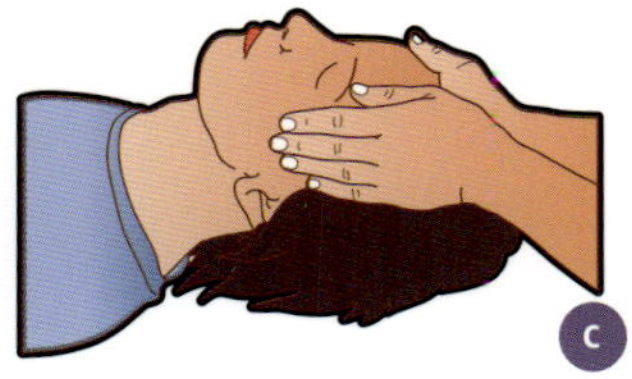

c. Placez la base de vos paumes au-dessus des tempes en les recouvrant, vos doigts entourant le visage et vos auriculaires se plaçant devant les oreilles et maintenez la position durant 3 minutes.

- ***Soin du corps :***

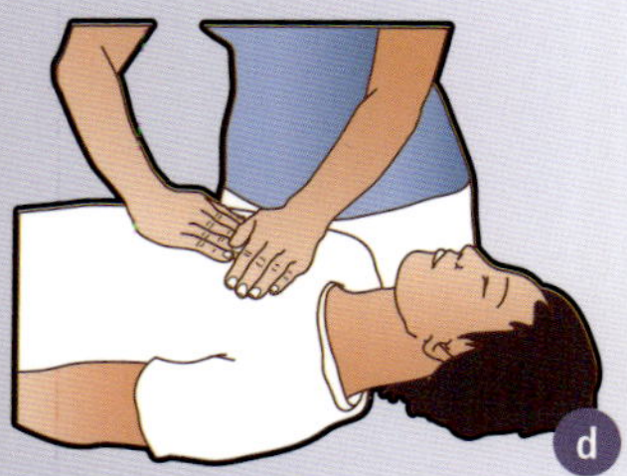

d. Placez vos mains l'une au-dessus de l'autre sous la poitrine durant 3 minutes.

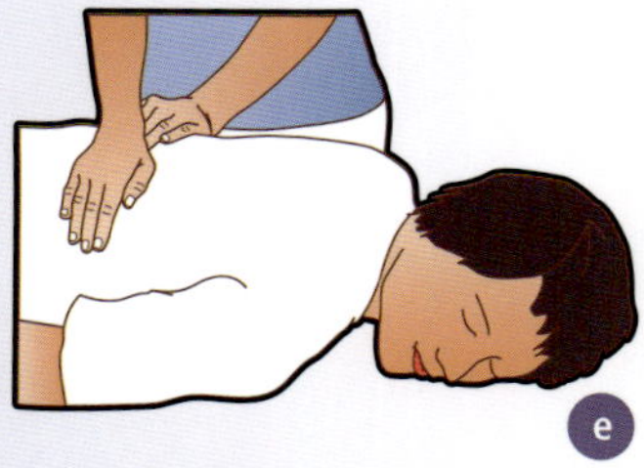

e. Placez vos mains sur le dos de chaque côté de la colonne au niveau de la zone du cœur.

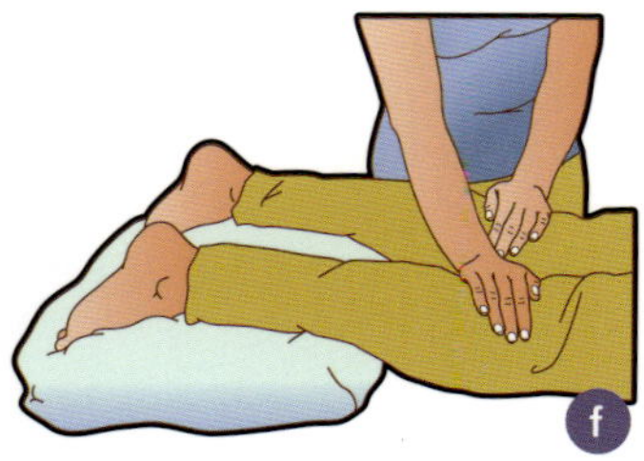

f. Placez vos mains à l'arrière des jambes au niveau des genoux durant 3 minutes.

À noter !

Après un traitement à une autre personne, même rapide, il faut « lisser » l'aura.

➡ *Procédez de la manière suivante :* placez vos mains de chaque côté du corps de la personne allongée soit sur le ventre soit sur le dos, en l'effleurant à peine et faites un mouvement du haut du corps vers le bas en « tirant » jusqu'au pieds puis secouez vos mains (un peu comme si vous vouliez vous débarrasser de quelque chose). Répétez cette opération 3 fois de suite. Puis placez vos mains au-dessus de sa taille, toujours en l'effleurant à peine, et remontez vers la zone du cœur puis des épaules pour redescendre le long des bras jusqu'aux mains, et secouez à nouveau vos mains à 3 reprises afin de vous débarrasser de l'excédent d'énergie. Pour finir, placez vos mains à plat à environ 20 cm du sommet de la tête et descendez doucement ainsi jusqu'aux pieds, dans des mouvements de lissage du corps entier.

- ***À qui s'adresse un soin reiki ?***

Le Reiki s'adresse à tous, des enfants aux personnes âgées, mais également aux animaux, aux plantes, etc.

- ***Comment se déroule une séance de Reiki ?***

Une séance à proprement parler dure généralement 1 h 30 mais cela peut durer plus si nécessaire. Généralement, une première séance dure plus longtemps. Il est très important que le praticien passe du temps, avant et après la séance, pour écouter et parler avec le receveur. Ainsi, le patient se sent en confiance, en totale relaxation, et peut mieux comprendre ce qui se passe en lui.

Le patient est allongé durant la séance, il reste vêtu durant toutes les appositions du Maître Reiki. Le praticien va laisser ses mains posées sur différents endroits du corps durant quelques minutes.

Un traitement commence toujours par la tête, puis le haut du corps, le bas du corps et enfin les genoux et les pieds.

La pratique de l'autotraitement est extrêmement simple, ce qui permet à chacun de l'utiliser à tout moment et dès que le besoin s'en fait ressentir. Ce soin peut comporter des variantes au fil de l'expérience avec le Reiki et peuvent s'ajouter aux 15 positions de base : 1, 2, ou 3 positions supplémentaires se travaillent par la suite avec les symboles du deuxième niveau.

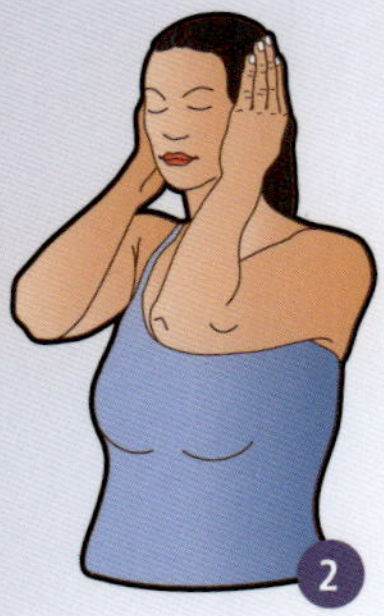

1. Placez vos mains sur vos yeux en appliquant les paumes sur les pommettes. Réduit le stress, soigne les rhumes et éclaircit les pensées.

2. Placez vos mains de chaque côté de la tête en couvrant les oreilles. Apaise, soulage les maux d'oreille et préventif en cas d'apparition de grippe ou rhume.

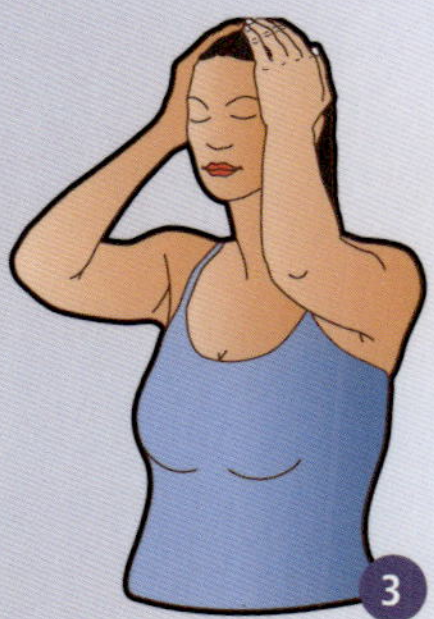

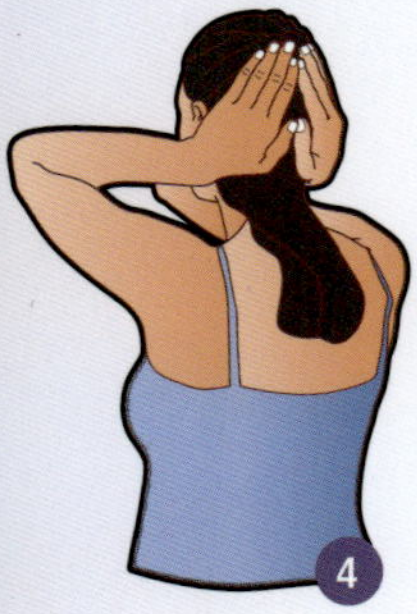

3. Placez vos mains de chaque côté de la tête, juste au-dessus des oreilles, base des paumes sur les tempes et les doigts se touchant au sommet du crâne. Apaise les maux de tête et stimule l'énergie.

4. Placez vos mains à l'arrière de la tête, doigts vers le haut et les poignets calés à la base du crâne. Traite les troubles du sommeil, les maux de tête, apaise les émotions fortes et les pensées négatives.

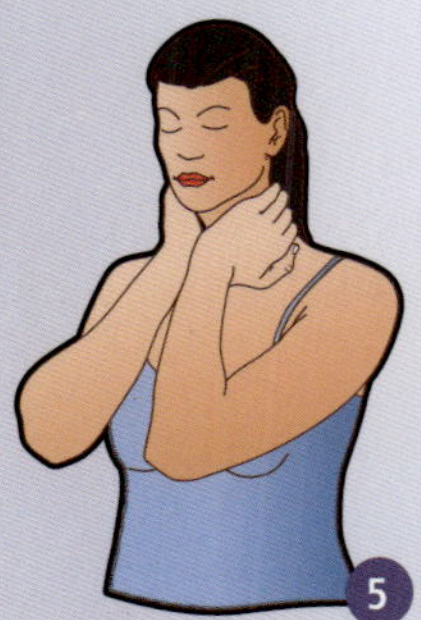

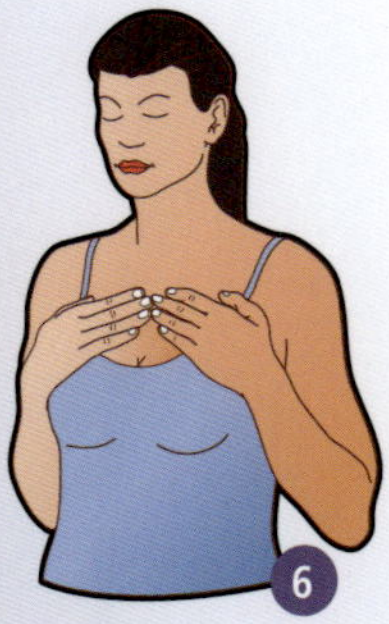

5. Placez vos mains autour du cou, vos poignets doivent se rejoindre sous la gorge. Soulage les douleurs cervicales, l'enrouement, et équilibre la tension artérielle.

6. Placez vos mains en haut de la poitrine, les doigts doivent se joindre en dessous des clavicules. Apaise le cœur, renforce l'immunité et stimule la circulation lymphatique.

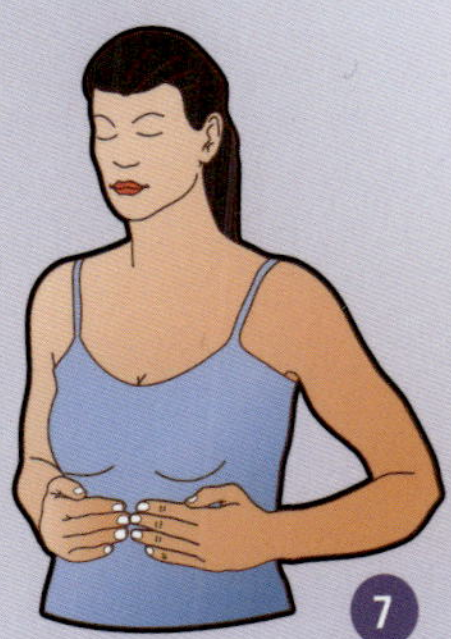

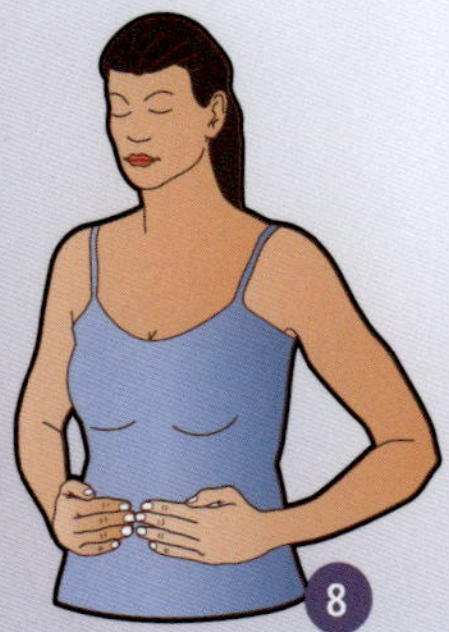

7. Placez vos mains en dessous de la cage thoracique, en joignant le bout des doigts. Détend, réduit les peurs, équilibre la digestion et redonne de l'énergie.

8. Placez vos mains de chaque côté du nombril, les doigts joints par le milieu. Position importante pour la régulation du pancréas. Calme les peurs, apaise en cas de dépression, stimule la confiance en soi et équilibre la digestion.

MÉDITATION GASSHO

« La méditation des deux mains jointes »

Gassho en japonais signifie « les deux mains qui se joignent ». Cette méditation n'exige aucune connaissance particulière et reste accessible à tous. L'histoire raconte que **Mikao Usui** pratiquait régulièrement cette méditation avec ses élèves afin de renforcer le flux de l'énergie reiki.

- ***Pourquoi cette méditation ?***

Elle peut être utilisée à tout moment pour se recentrer ou comme exercice de préparation avant de pratiquer un traitement reiki.

- ***Son rôle ?***

Permet de se recentrer, de se reconnecter et de faire le vide. De libérer son mental de toute préoccupation et de toute pollution. Elle prépare à tout traitement reiki aussi bien pour le Maître Reiki que pour celui qui reçoit le traitement ou l'enseignement. Mais elle peut aussi être pratiquée à tout moment en cas de « crise » afin de se « retrouver » et d'apaiser son mental et son système nerveux.

- ***À quel moment pratiquer ?***

Le matin et/ou le soir, seul ou en groupe. Quotidiennement ou chaque fois que vous en ressentez le besoin.
Durée : entre 10 et 30 minutes.

- ***Mise en condition :***

Elle se pratique assis par terre en tailleur ou en position du lotus ou assis sur une chaise.

Asseyez-vous, le dos bien droit, calez-vous au besoin le dos contre un mur si vous êtes as[illegible] un coussin. Les yeux [illegible] du chakra du cœur. R[illegible] profondément. Détendez-vous[illegible] Dans un second temps, insp[illegible] [illegible]irez [illegible] la bouche dans un souffle long qui doit venir effleurer le bout de vos doigts joints devant vous. Réajustez au besoin la hauteur de vos mains jointes. Détendez-vous…
À l'inspir, votre langue doit monter au palais et, à l'expir, elle doit se placer naturellement à l'arrière de la bouche. Ne forcez rien surtout, tout doit se faire naturellement et avec un peu de pratique régulière.
Concentrez-vous sur le point de contact de vos deux majeurs et déconnectez avec ce qui se passe autour de vous. Oubliez tout le reste l'espace de cette courte méditation mais tout en focalisant bien toujours sur le point de rencontre de vos deux majeurs.

- ***Le but de cette méditation :***

La concentration sur le chakra du cœur et les doigts joints, amènent la personne vers un état méditatif qui a pour objectif de calmer le mental en lui fournissant un point d'ancrage.
Cette méditation peut être pratiquée dès que l'on ressent un excès de stress important, elle permet à l'esprit de se recentrer, de retrouver clarté et discernement et au corps de s'apaiser.

MISE EN GARDE ET PRÉCAUTIONS

Un soin reiki ne peut se substituer à un traitement médical. Cette méthode peut être utilisée et même recommandée en complément d'un traitement médical.

Stress et Reiki

Les séances de Reiki entraînent une diminution du stress, et les effets peuvent s'étendre bien au-delà de la séance. Cette méthode de soin est donc très utile pour les malades qui sont souvent très angoissés.

Rhume et Reiki

Les positions sont à pratiquer dès l'apparition ou pour aider à passer rapidement un rhume. Vous pouvez pratiquer un auto-traitement complet [illegible] plus ciblées sur cette affecti[illegible]ns placées sur les yeux et l[illegible] la rate (7), de chaque côté[illegible]

Diabète et Reiki

Le Reiki peut apporter un soulagement dans le cas d'un diabète 1 ou 2. Deux positions à travailler régulièrement :
- Placez vos mains l'une au-dessus de l'autre au niveau du foie puis au niveau du pancréas. Maintenez 3 minutes chaque position.
- Faites la même chose au niveau des reins et des surrénales 3 minutes également.

À savoir !

Depuis plusieurs années déjà, le Reiki est présent dans les hôpitaux, notamment en Grande-Bretagne et en Allemagne, où les médecins reconnaissent son aide bénéfique dans le soulagement des affections chroniques, les rétablissements post-opératoires et les phases terminales.

ISBN 978-2-84259-779-5
9 782842 597795

Texte : Martina Krcmár - Conception graphique : Yolande Cellier
Illustrations : Géry Boileau - Photographies : © Shutterstock, © Fotolia
Dépôt légal : 3e trimestre 2018
PRINTED IN FRANCE